BEI GRIN MACHT SICH IHR WISSEN BEZAHLT

- Wir veröffentlichen Ihre Hausarbeit, Bachelor- und Masterarbeit

- Ihr eigenes eBook und Buch - weltweit in allen wichtigen Shops

- Verdienen Sie an jedem Verkauf

Jetzt bei www.GRIN.com hochladen und kostenlos publizieren

Gudrun Müller

Die Bedeutung des Selbstvertrauens beim Gelingen von partnerschaftlichen Beziehungen

Ein Beratungsansatz

GRIN Verlag

Bibliografische Information der Deutschen Nationalbibliothek:

Die Deutsche Bibliothek verzeichnet diese Publikation in der Deutschen National-
bibliografie; detaillierte bibliografische Daten sind im Internet über http://dnb.d-
nb.de/ abrufbar.

Impressum:

Copyright © 2011 GRIN Verlag, Open Publishing GmbH
Druck und Bindung: Books on Demand GmbH, Norderstedt Germany
ISBN: 978-3-640-95840-5

Dieses Buch bei GRIN:

http://www.grin.com/de/e-book/174539/die-bedeutung-des-selbstvertrauens-beim-
gelingen-von-partnerschaftlichen

Die Bedeutung des Selbstvertrauens beim Gelingen von partnerschaftlichen Beziehungen.

Ein Beratungsansatz

Gudrun Müller

Inhaltsverzeichnis

„Sich selbst zu lieben ist der Beginn einer lebenslangen Romanze."
(Oscar Wilde, „Ein idealer Gatte".)

1. Einleitung

Die Liebe zwischen zwei Menschen ist eines der faszinierendsten Themen, welches uns Menschen beschäftigt (außer dem Thema Geld und Macht vielleicht, die aber, wenn auch meist unbewusst, auch mit dem Thema Liebe oder geliebt werden Wollen zu tun haben).

Immer wieder beobachte ich, wie lebendig und interessiert meine Gesprächspartner reagieren, wenn es um das Thema Partnerschaft oder Liebe geht. Dementsprechend sind wir genauso brennend daran interessiert, herauszufinden, wie denn nun eine gute Partnerschaft aussehen könnte.

In dieser Abhandlung will ich mich mit einem wesentlichen Element des Gelingens der partnerschaftlichen Beziehung oder Liebe zwischen zwei Menschen beschäftigen, und zwar mit dem Anteil des Selbstvertrauens bzw. der Selbstliebe. Da geringes Selbstvertrauen in der Partnerschaft im allgemeinen häufiger bei Frauen anzutreffen ist, werde ich im folgenden hauptsächlich diese Problematik behandeln.

Später werde ich aufzeigen, welche Wege beschritten werden können, um eine Änderung herbeizuführen.

2. Allgemeine Betrachtungen

Der Grundstein für eine gute Partnerschaft wird nach Sigmund Freud schon in der frühen Kindheit gelegt, wenn das Kind, in der Regel bereits im ersten Lebensjahr, die Erfahrung macht, dass es bei der Mutter geborgen ist und hierdurch sein Urvertrauen entwickeln kann. Außerdem weist Freud darauf hin, dass ein Mensch z. B. ein ungewöhnlich klammerndes Verhalten entwickeln kann, wenn er als Kind traumatische Erfahrungen im Zusammenhang mit dem Verlust früher wichtiger Bezugspersonen macht oder dass er sich von anderen Menschen innerlich zurückzieht, da er sich aufgrund seiner frühkindlichen Erfahrungen von ihnen nichts verspricht. Das klammernde Verhalten kann sich als eines der Hauptprobleme in einer partnerschaftlichen Beziehung herausstellen, da sich der Partner hierdurch eingeengt und überfordert fühlen wird. (Loesch, Studienbrief 2, „Psychologische/r Berater/in", S. 33).

Ein weiterer Aspekt, der die Entwicklung eines gesunden Selbstvertrauens verhindert, ist es nach Erik H. Erikson, wenn es den Eltern nicht möglich ist, ihr Kind im Alter von 3 – 6 Jahren in seinen Aktivitäten zu ermutigen, sondern wenn sie vielleicht auf seine Handlungen entmutigend oder vorwurfsvoll reagieren und hierdurch bei dem Kind Schuldgefühle hervorrufen und das Bewusstsein, keine vollwertige Person zu sein. (Loesch, Studienbrief 2 „Psychologische/r Berater/in", S. 45).

Es gibt unzählige Abhandlungen und Ratgeberbücher über das Thema Liebe und Partnerschaft. Wenn man diese Bücher aber genauer betrachtet, so gehört in unserer modernen Zeit zum Gelingen einer Beziehung in der Regel eine Begegnung auf Augenhöhe. In den vergangenen Jahrhunderten oder vielleicht auch in anderen Kulturen waren und sind die Rollen eher eindeutig verteilt – der Mann sorgt in der Regel für den Lebensunterhalt (oder die Ernährung), die Frau ist für den ehelichen Haushalt und die Versorgung der Kinder zuständig.

Christian Thiel schreibt in „Was glückliche Paare richtig machen. Die wichtigsten Rezepte für eine erfüllte Partnerschaft" über den Wandel der Zeiten: „Bestätigung ist das wichtigste Bedürfnis, das wir in einer Partnerschaft haben. Diese Bestätigung durch den Partner hat heute eine ungleich größere Bedeutung als früher. In früheren Jahrhunderten hätten Eheleute nicht verstanden, warum Anerkennung und Bestätigung wichtig für sie sein sollten. Das ist heute anders und hat mit einigen Begleiterscheinungen der partnerschaftlichen Wende in den siebziger Jahren zu tun." (Thiel 2007, S. 87).

Dennoch ist es auch von herausragender Bedeutung, dass das eigene Selbstwertgefühl nicht nur von der Bestätigung des Partners abhängt, sondern von ihm unabhängig entwickelt und gepflegt wird.

3. Persönliche Betrachtungen

Ich selbst habe den Umbruch der traditionellen Sicht- und Lebensweise zum modernen Umgang von Paaren miteinander mit erlebt, da ich in einer Zeit aufgewachsen bin (Jahrgang 1945), in der Frauen üblicherweise noch das Ziel hatten, zu heiraten und Kinder zu bekommen und weniger, einen Beruf auszuüben und Karriere zu machen. Die Umstellung und das Umdenken waren kein einfacher Prozess. Ich wurde aber im Laufe verschiedener Beziehungen immer wieder auf das Thema Selbstvertrauen aufmerksam gemacht – bzw. eher darauf, dass ein geringes Selbstbewusstsein meist ein Hinderungsgrund für das Gelingen einer Paarbeziehung ist. Es führt auch schrittweise immer mehr zur Abhängigkeit, und diese mag zunächst schmeichelhaft auf den Partner wirken, wird aber mit der Zeit immer mehr zur Einengung – für beide Beziehungspartner.

Aus diesem Grund habe ich mich etliche Jahre zum einen mit der persönlichen Veränderung und zum anderen mit der Beobachtung anderer Paare und den jeweils hieraus gewonnenen Erfahrungen beschäftigt.

Hieraus ergab sich die Frage:

4. In Welcher Hinsicht ist Selbstbewusstsein so bedeutend für das Gelingen einer Partnerschaft?

Es gibt, wie gesagt, unzählige Ratgeberbücher über das Thema Beziehung, aber alle darin beschriebenen Hinweise können in der Regel nur umgesetzt werden, wenn ein hinreichendes Maß an Selbstliebe vorhanden ist – oder sie weisen auf dieses Thema hin.

Irene Goldmann schreibt dazu in ihrem Buch „Liebe dich selbst, sonst liebt dich keiner": „Solange wir versuchen, mit unseren Liebesbeziehungen grundlegende Defizite auszugleichen – den Mangel an Selbstliebe, das Unvermögen, eigene Bedürfnisse wahrzunehmen und zu befriedigen, und die Unfähigkeit, Verantwortung für uns selbst zu übernehmen und das Leben entlang der eigenen Wünsche zu gestalten – fehlt uns die Basis, auf der persönliches Glück entstehen kann." (Goldmann 2009, S. 49).

Weiterhin heißt es in diesem Buch: „Extreme Forderungen emotionaler Bedürftigkeit schlagen auf Dauer jeden noch so gutwilligen Partner in die Flucht. Eine Frau, die sich selbst nicht liebt, ist gar nicht in der Lage, die Zuneigung anderer zu spüren. Weil sie sich selbst nicht leiden kann, reagiert sie auf Nettigkeiten mit Ungläubigkeit." (Goldmann 2009, S. 79).

In jedem Fall spielen natürlich die Entwicklung eines Menschen und das Umfeld, in dem er aufwächst auch eine Rolle für das Verhalten in der Paarbeziehung. Hierbei sind sowohl die Anlagen als auch die Erfahrungen, die ein Mensch im Laufe seines Lebens macht, also das, was er dazulernt. Die Vertreter des Nativismus gehen davon aus, dass allein die Anlagen de Verlauf des Lebens eines Menschen bestimmen. Die Vertreter des Behaviorismus allerdings behaupten, dass ein Mensch allein durch seine Erfahrungen im Leben, also das Lernen, geprägt wird. Neuere Studien haben gezeigt, dass beide Faktoren bei der Entwicklung und dem Verlauf des Lebens eines Menschen eine Rolle spielen.

Im Studienbrief 4 des Lehrgangs „Psychologsche/r Berater/in im Kapitel „Der Erwerb der Geschlechtsidentität und der Geschlechterrolle", beim Thema „Geschlechtsrollenstereotypen" heißt es: „Auch der Umgang der Eltern mit Söhnen oder Töchtern scheint unterschiedlich zu sein. So gibt es Untersuchungen, die zu dem Ergebnis kommen, dass Eltern auf Äußerungen von Söhnen schneller reagieren und diese öfter auf den Arm nehmen als Töchter. In der späteren Kindheit machen Kinder oft die Erfahrung, dass sie für rollenangepasstes Verhalten belohnt und für nichtangepasstes Verhalten vielleicht sogar bestraft werden. So können Jungen vor allem bei Vätern negative Reaktionen hervorrufen, wenn sie weibliche Verhaltensweisen zeigen. Mütter zeigen sich demgegenüber eventuell besonders erfreut, wenn ihre Töchter so ,niedlich mit ihrem Puppen ein Familienfrühstück nachstellen'." Und weiterhin: „Eltern vermitteln ihren Mädchen oft ,Wurzeln', damit sie ein Zuhause und eine Familie aufbauen, verleihen ihren Söhnen jedoch ,Flügel', damit sie neue Abenteuer und Herausforderungen suchen." (Camilla von Loesch, Studienbrief 4, „Psychologische/r Berater/in", S. 17)

Irene Goldmann schreibt hierzu: „Eine Mutter fördert beim Jungen Egoismus und verlangt vom Mädchen, sich für andere verantwortlich zu fühlen. Kaum eine Mutter fordert ihren Sohn auf, in demselben Maß wie seine Schwestern im Haushalt zu helfen. Heute noch nimmt er allein aufgrund seines Geschlechts eine Sonderstellung ein. So lernt ein Junge erstens, dass es gut ist, sich um sich selbst zu kümmern, und dass zweitens seine – weibliche – Umwelt ihn darin unterstützt.
Einem Mädchen wird solch eine positive Einstellung zu den eigenen Bedürfnissen verwehrt. Es lernt, dass im Zweifelsfall immer die Beziehung zu anderen wichtiger ist als seine eigenen Interessen. Es wird dazu erzogen, den Kontakt zu anderen als Grundbedürfnis zu betrachten. Es beginnt wie selbstverständlich, anderen zu dienen. Ein Junge hat seinen Selbstwert in sich. Er wird in seiner Selbstsicherheit gezielt bestärkt, ein Mädchen amputiert: Es bekommt seinen Wert erst durch die Spiegelung seiner Person in seinen Beziehungen und sozialen Bindungen. Die Bestätigung durch andere ersetzt sein fehlendes Selbstbewusstsein – allerdings nur mangelhaft: Fehlt die Zuwendung anderer, wird ein Mädchen auf das Gefühl, minderwertig zu sein, zurückgeworfen. Ohne je gelernt zu haben, sich von seinen Bedürfnissen leiten zu lassen, fehlt ihm die Orientierung für sein Leben. Das macht es später als Frau süchtig nach Liebe. Und diese Sucht macht sie manipulierbar und gefügig. Nur so ist sie auch heute noch dazu bereit, sich von einem Mann abhängig zu machen. Das Selbstwertgefühl der Frau bleibt unterentwickelt. Gleichzeitig wird ihr eingeredet, dass die Liebe ihr ersetzen könnte, was ihr

fehlt. Die Liebe hat für Frauen therapeutische Funktion." (Goldmann 2009, S. 43/44).

Ich kenne allerdings auch ein Gegenbeispiel aus dem eigenen Umfeld, bei einer Freundin, die sowohl einen Jungen als auch ein Mädchen großzieht und keines der beiden Kinder geschlechtsspezifisch erzieht. Was dem allerdings entgegenwirkt, sind die Erfahrungen, welche die Kinder anschließend im Kindergarten und in der Schule machen, wo sie mit anderen Kindern zusammenkommen, die wiederum geschlechtsspezifisch erzogen werden. Da dies immer noch die Mehrheit ist und ein Kind naturgemäß „dazu gehören" möchte, wird nun doch wieder teils geschlechtsspezifisches Rollenverhalten angenommen. Dies könnte sich langfristig nur dann ändern, wenn immer mehr Eltern bzw. die überwiegende Zahl von Eltern, ihre Kinder geschlechtsneutral erziehen würden. Da sie aber selbst von ihrer eigenen Erziehung geprägt sind, ist diese Umkehr nicht einfach zu erreichen, falls sie irgendwann stattfindet.

Eine harmonische Partnerschaft verläuft in unserem westlichen Kulturkreis heutzutage idealerweise so, dass beide Partner ihre Bedürfnisse kennen, benennen und auch respektieren. Ein selbstbewusster Partner wird auch, falls es zu Konflikten über bestimmte Themen kommt, in der Lage sein, seinen Standpunkt angemessen zu vertreten – also nicht zu vehement (Anteile des gekränkten, empörten Kindes) aber auch nicht zu zaghaft (Anteile des ängstlichen Kindes). Diese Verhaltensweisen hat Eric Berne in der von ihm entwickelten Transaktionsanalyse sehr genau beschrieben, in der er auf die Anteile des Kind-Ich, Erwachsenen-Ich und Eltern-Ich hinweist, die jeder von uns in sich hat. Zum Gelingen einer Partnerschaft ist es auch angeraten, auf die Ausgewogenheit dieser Anteile zu achten bzw. darauf, dass der Anteil des Kind-Ichs sich nicht zu sehr in den Vordergrund schiebt und, falls doch, dies erkannt und angemessen damit umgegangen wird. Das heißt, man fragt sich, „warum ist dieser Anteil derzeit so stark und welche Bedürfnisse stecken eigentlich dahinter?" Gelingt es, diese Bedürfnisse zu befriedigen, wird sich auch der kindliche Anteil wieder auf ein angemessenes Maß zurückziehen.

Es kann auch aus anderen Gründen zu einer Störung in der partnerschaftlichen Beziehung kommen. Wenn zum Beispiel ein Mensch zwar in den ersten Lebensjahren behütet und geliebt aufwächst und demgemäß zwar ein Urvertrauen aufbauen kann, so können doch traumatische Erlebnisse, wie völlig unerwartetes Verlassenwerden durch den Partner oder die Begegnung mit einer Charakterstruktur, mit der auch ein seelisch gesunder Mensch nicht in Harmonie leben kann, Schäden anrichten, die zu einer Verminderung des ggf. ursprünglich vorhandenen, gesunden Selbstvertrauens führen.

Durch dieses verminderte Selbstvertrauen kann eine Paarbeziehung aus der Balance geraten, denn ein verunsicherter Mensch kann ggf. in allen möglichen Handlungen oder Nicht-Handlungen Angriffe oder

Vernachlässigungen erkennen, die unter Umständen überhaupt nicht vorhanden sind.

In der Folge kann es aus meiner Beobachtung heraus geschehen, dass der jeweilige oder der nächste Partner eines solchermaßen vorgeschädigten Menschen, auch wenn sich sein eigenes Verhalten in einem Rahmen bewegt, der zwischen Paaren als üblich gilt, plötzlich auf Misstrauen und Angst trifft, die möglicherweise völlig unbegründet sind. Das Gleiche trifft zu (und dies ist weitaus häufiger der Fall), wenn ein Mensch bereits in seiner Kindheit das gesunde Urvertrauen nicht aufbauen konnte.

Mit einem gesunden Selbstvertrauen sind jedoch Menschen in der Lage, ihre Beziehung und die möglichen Missverständnisse zu klären, die zu einer unguten Stimmung geführt haben.

Manchmal handelt es sich ja auch nicht um Missverständnisse, sondern die Beziehung ist wirklich nicht mehr intakt, und man hat sich vielleicht auseinander gelebt. Auch dann wird ein klärendes Gespräch ggf. eine Befreiung für beide Teile herbeiführen – oder sogar einen Neuanfang. Das Ungünstigste ist jedenfalls ein Schweigen und die Hoffnung, dass sich alles sozusagen von alleine wieder einrenkt. Genauso zerstörerisch können aber auch endlose Gespräche oder Gesprächsversuche über die gemeinsame Problematik sein. Ein Partner, der sich seiner Ziele und Wünsche bewusst ist und auch genügend Empathie für den anderen besitzt, wird in der Regel schnell spüren, ob eine Gesprächsbereitschaft vorliegt und ob die Gespräche weiterführen oder ob es angebracht ist, sich auf die eigenen Ressourcen zu konzentrieren oder das Gespräch zu einem späteren Zeitpunkt zu suchen.

Ein zu geringes Selbstvertrauen kann auch zur Folge haben, den Partner als einzige Quelle der Kraft zu sehen, da die Kraft ja nicht aus dem eigenen Inneren erwächst. Dies kann vielleicht eine Zeitlang gut funktionieren, wird aber auf Dauer erfahrungsgemäß für denjenigen der quasi „die Energie liefert" zu anstrengend, und es besteht die Gefahr, dass dieser Partner sich seinerseits jemanden sucht, durch den auch er ggf. wieder neu belebt wird.

Im Partner die Quelle der Kraft zu sehen, führt langfristig zur Abhängigkeit und ggf. auch zu einer Monotonie in der Partnerschaft, nämlich dann, wenn einer der Partner seine eigene Meinung nicht mehr deutlich vertritt, sondern quasi eher ein Anhängsel des anderen ist.

Diese Erfahrung habe ich selbst in meinem eigenen Leben gemacht, denn alle partnerschaftlichen Beziehungen verliefen nach dem gleichen Muster: Kennen lernen, Begeisterung, beidseitige Verliebtheit und – meinerseits – die Grundhaltung „wie kann ich nur alles richtig und gut machen, damit die Partnerschaft gelingt?" Mit dieser Haltung liefen alle Partnerschaften letztendlich in eine Sackgasse, wobei ich immer mehr an Selbstvertrauen verlor und die Partner sich letztendlich langweilten oder gar nach anderen Frauen Ausschau hielten.

Da ich ursprünglich annahm, es seien immer nur die falschen Partner gewesen, hoffte ich auf einen besseren Verlauf vielleicht mit dem nächsten Mann – dem „Richtigen". Diese Hoffnung wurde allerdings immer wieder enttäuscht.

Eva-Maria Zurhorst beschreibt in ihrem Buch „Liebe dich selbst, und es ist egal, wen du heiratest" den Fall einer Frau, die aufgrund ihrer eigenen Kindheits-Erfahrungen auch immer wieder den selben Verlauf in ihrer Partnerschaften erlebte – egal, welchen Charakter die Männer hatten, die sie kennen lernte – über kurz oder lang wurde sie von allen schlecht behandelt. (Zurhorst 2009, S. 112-115).

In ihrem Nachfolgebuch „Liebe dich selbst und freu dich auf die nächste Krise" beschreiben Eva-Maria & Wolfram Zurhorst den heilsamen Weg von uns Frauen zu uns selbst und dessen Bedeutung für die partnerschaftliche Beziehung. So heißt es zum Beispiel: „Ihre Beziehung ist nur ein Messinstrument. Ihr Zustand zeigt Ihnen an, wie sehr Sie mit sich selbst in Kontakt sind. Wie viel Sie tatsächlich von Ihrem Potential und Ihren Gaben leben und wie mutig Sie Ihrem Herzen folgen." (Zurhorst 2007, S. 36).

Dass Frauen dies viel weniger können, liegt meiner Beobachtung nach daran, dass sie von Natur aus eher, als potenzielle Mütter, das Fürsorgliche und Pflegende leben und dass der Drang, für andere zu sorgen, für gewöhnlich viel stärker ausgeprägt ist als bei Männern. Wird dies zu stark betont, ist das Ergebnis aber im Allgemeinen leider fehlender oder wenig Respekt seitens der Partner, fehlende Anerkennung des Umfeldes und gleichzeitig eine gewisse Vernachlässigung der eigenen Person dadurch, dass der Blick schwerpunktmäßig auf die Bedürfnisse der anderen gerichtet ist. Gleichzeitig ist aber auch in diesem Fall die Erwartung bezüglich Zuwendung an den Partner und/oder an die Familienmitglieder unverhältnismäßig hoch, da mit einer solchen Grundhaltung die Selbstliebe nicht oder nur sehr schwach gelebt wird. Dies führt wiederum dazu, dass z. B. der Partner sich gegen diese Erwartungen immer mehr wehrt und sich eher zurückzieht als seiner Partnerin die erwartete und erhoffte Zärtlichkeit und Zuwendung in dem Maße zu geben, wie sie es von ihm zu brauchen glaubt. Kein Mensch lässt sich gerne als Mittel zum Zweck „benutzen".

Zurhorst: „Lassen Sie von Ihren Bildern, Vorstellungen, Forderungen und von den anderen ab. Werden Sie still und fangen Sie an, sich selbst wahrzunehmen." (Zurhorst 2007, S. 120.)

Und Zurhorst weiter: „Es geht immer um den Weg zu einem selbst. Es geht um die Heilung der eigenen Wunden. Es geht darum, sich selbst wieder ganz vertrauen zu lernen und den eigenen Ängsten ins Auge zu schauen. Dann hört auf einmal das Brauchen auf, das Klammern, Zerren, Wegrennen, Abschneiden, Dichtmachen. Dann kann sich auf einmal die Liebe einstellen und entfalten. Ganz von selbst, ganz ohne aktives Zutun." (Zurhorst 2007, S. 84).

5. Welches ist aufgrund dieser Erkenntnisse ein Erfolg versprechender Beratungsansatz?

Falls ich bei einer/einem Klienten/Klientin aufgrund seiner/ihrer Schilderungen bemerke, dass ein geringes Selbstvertrauen oder fehlende Selbstliebe eine vorhandene Partnerschaft stören oder es verhindern, dass es überhaupt zu einer harmonischen Partnerschaft kommt, wird es in jedem Fall das Ziel meiner Beratung sein, zum einen den Klienten ihre Verhaltensweisen bewusst zu machen und ihnen die Folgen davon zu erklären und als nächstes ihr Selbstvertrauen zu stärken.

Als Maßnahme hierzu werde ich mit der Person ihre Stärken herausfinden, wir werden gemeinsam die Ressourcen der Klienten (wieder neu) entdecken, ihre Interessen und Ziele aktivieren und hierdurch ggf. auch wieder ihre Liebesfähigkeit stärken, die unter Umständen bereits unter Groll und Angst untergegangen sein könnte.

Ich werde aber auf keinen Fall meine Klienten in der Beratung so führen, wie es aus meiner Sicht heraus gut für sie sei, sondern mit aller Behutsamkeit herauszufinden versuchen, was jeweils für diesen einen Menschen in diesem Moment der richtige Weg ist. Vielleicht ist es ja sogar für jemanden noch eine gewisse zeitlang sinnvoll, in einer Abhängigkeit zu bleiben, bis die eigene Persönlichkeit sich schrittweise entwickelt hat, oder die Vorteile aus der Beziehung sind noch bedeutend größer als der vorhandene Schmerz und die Beziehung wird in dieser Form (noch) gebraucht.

Dennoch werde ich die geschilderten Grundsätze, die sich als allgemeingültig erwiesen haben, bei meiner Beratung mit im Auge behalten:

Hierzu Irene Goldmann, in „Liebe dich selbst, sonst liebt dich keiner": „Hören Sie auf, sich auszubeuten und zu vernachlässigen, in der Hoffnung auf seine Liebe und Anerkennung. Sie selbst werden sich diese Liebe geben" (Goldmann 2009, S. 58). Und weiter erfolgt der Hinweis, die Liebe nicht als Selbstverständlichkeit und „Kraftquelle", sondern als Luxus zu betrachten: „Die ‚Liebe als Luxus' fördert nicht nur Achtung und Toleranz, sondern auch Selbstbewusstsein und Selbständigkeit der Partner. Beide sind jeweils in der Lage, auch den Neigungen nachzugehen, die der andere nicht eilt. Und so kommt zu dem Glück, das jeder von beiden sich selbst verschafft, das der Liebe hinzu. Es ist die Fähigkeit zur Distanz, die eine neue Qualität der Nähe schafft!" (Goldmann 2009, S. 62).

Anschließend findet sich noch der Hinweis: „Ein Partner kann jederzeit gehen, aber das Leben der eigenen Persönlichkeit entsprechend zu gestalten ist eine Fähigkeit, die Ihnen niemand mehr nehmen kann. Auch während Sie eine Beziehung führen, sollten Sie immer wissen, wie Sie Ihr Leben leben wollen. Ohne dieses Wissen kann es Ihnen passieren, dass Sie nach und nach in das Leben Ihres Partners schlüpfen und ihr eigenes aufgeben." (Goldmann 2009, S. 131).

Außerdem bringt Irene Goldmann auch sehr anschauliche, konkrete Beispiele: „Ein Leben nach der eigenen Façon zu führen ist ein Akt größter Selbstakzeptanz und führt unweigerlich ins Glück. Wer kennt Sie und Ihre Vorlieben besser als Sie selbst? Sie wissen doch am besten, dass Sie für fetten Camembert sterben könnten, sich vor Fisch aber richtiggehend ekeln, dass Spaziergänge Sie anöden, Sie aber jedes Wochenende eine Fahrradtour machen möchten. Sie wissen auch, dass Sie es hassen, morgens um sechs Uhr aufzustehen, dass Sie nur bei geöffnetem Fenster schlafen wollen und dass Sie den Freitagskrimi anschauen ‚müssen'." (Goldmann 2009, S. 135).

Hierzu ist allerdings noch hinzuzufügen, dass ein Mensch, der sich ein Leben lang nach anderen gerichtet hat, unter Umständen zunächst noch nicht in der Lage ist, seine eigenen wahren Bedürfnisse zu kennen, noch sie zu leben und dass diese Fähigkeit schrittweise und geduldig erarbeitet werden muss.

Diese Thematik bearbeitet Talene Miedaner recht umfassend, anschaulich und hilfreich in ihrem Buch „Coach dich selbst, sonst liebt dich keiner. Der ultimative Beziehungsguide." In diesem Buch werden die persönlichen Bedürfnisse aufgespürt, es wird gezeigt, wie man Grenzen setzen kann und es werden auch Wege aufgezeigt, wie man sich die meisten Bedürfnisse selbst erfüllen kann, um dadurch weniger abhängig vom eigenen Umfeld zu werden. Diese Unabhängigkeit führt laut Miedaner auch zu einer wesentlich gesteigerten Attraktivität der Betroffenen. (Miedaner 2010).

Gleichzeitig findet man in diesem Buch auch Hinweise darauf, wie (und dass) man sich mit dem Wunsch an die Erfüllung von bestimmten Bedürfnissen auch an andere wenden kann. Oft gehen wir davon aus, dass der andere doch sicherlich weiß, was wir uns insgeheim wünschen. Jedoch – er weiß es meist nicht oder stellt sich etwas ganz anderes vor. So kann die Äußerung von Bedürfnissen als selbstbewusster Vorgang auch zur Verbesserung einer Paarbeziehung beitragen. (Miedaner 2010, S. 44-48).

Auch Irene Goldman beschreibt in ihrem bereits erwähnten Buch, wie wichtig es ihrer Meinung nach ist, selbst Verantwortung für das eigene Glück zu übernehmen: „Eine Frau, die sich allein auf das Glück in der Liebe verlässt, konzentriert sich ganz auf das, was sie nicht kontrollieren kann. So aber wird sie automatisch zum Opfer der Umstände und der Willkür des anderen. Während sie wartet, dass das Glück ihr in den Schoß fällt, bleibt sie selbst passiv. Sie neigt dazu, Glück zu konsumieren, anstatt es selbst zu produzieren. Sie legt die Hände in den Schoß und verpasst Tag um Tag die Gelegenheit, glücklich zu sein – vergleichbar mit jemandem der zu seinem Lebensunterhalt Lotto spielt, statt zu arbeiten, und deshalb verarmt. Es ist erstaunlich, aber auch von einer gewissen Logik, dass Glückserwartungen an die Umwelt in dem Maße steigen, in dem selbst nichts für das eigene Glück unternommen wird (...) Glückliche Menschen machen sich unabhängig von den Umständen und von anderen! Sie haben gelernt, Glück selbst zu produzieren. Sie haben eine detaillierte Kenntnis ihrer Bedürfnisse und Vorlieben und sind in der Lage, sie optimal zu befriedigen." (Goldmann 2009, S. 52/53).

Hierzu gehören auch die Fähigkeit und das Bewusstsein, sich selbst zu loben. Dies beschreibt Irene Goldmann im weiteren Verlauf des erwähnten Buches wie folgt: „Während Sie sich selbst loben, werden Sie merken, dass Sie jetzt auch die Leistung anderer eher anerkennen können. Je großzügiger Sie sich selbst gegenüber werden, umso großzügiger werden Sie auch anderen gegenüber.
Machen Sie sich immer Ihre Erfolge – auch Teilerfolge – bewusst. Nicht nur das Endergebnis zählt, auch einzelne Schritte dahin müssen Sie anerkennen." (Goldmann 2009, S. 118).

Christian Thiel schreibt hierzu ebenfalls in seinem Buch „Was glückliche Paare richtig machen": Pflegen Sie das Selbstlob. (…) Je positiver Sie mit sich umgehen, desto besser ist Ihre Stimmung, auch in der Beziehung. So unangemessen übertriebene Selbstkritik ist, so wichtig ist ein angemessenes Selbstlob. Seien Sie stolz auf Ihre Leistungen. Und sagen Sie sich *Ich gebe mein Bestes.*" (Thiel 2007, S. 82).

Ich habe selbst die Erfahrung gemacht, dass ich umso eher in der Lage bin, die Leistungen anderer Menschen zu honorieren, je mehr ich meine eigenen wahrnehme und anerkenne. Der Umgang mit sich selbst spiegelt sich auch nach meiner Beobachtung auch weitgehend im Außen.

Belohnungen sind ebenfalls ein Schritt hin zur Selbstliebe. Goldmann: „Gönnen Sie sich nach getaner Arbeit Ruhe! Wenn Sie sich sagen: Das habe ich gut gemacht und jetzt habe ich etwas Schönes verdient. werden Sie Ihre freie Zeit doppelt genießen. Lassen Sie sich etwas Nettes einfallen: Eine Belohnung wie einen Kinobesuch oder Essengehen ist für die Bewältigung einer besonders schwierigen oder unangenehmen Aufgabe nur angemessen." (Goldmann 2009, S. 119).

Hierzu möchte ich auch noch ein eigenes aktuelles Beispiel schildern: Nachdem ich in letzter Zeit meine Neigung zum Zeichnen und Malen wieder entdeckt habe, mir aber auch bewusst bin, dass dies sehr viel Zeit kostet und dass man darin stundenlang regelrecht „versinken" kann, habe ich mir selbst, als Belohnung für die Fertigstellung dieser Abschlussarbeit, die Beschäftigung mit dem Zeichnen und Malen in Aussicht gestellt. Eine freiwillig zu erstellende Arbeit, ohne Termin, erfordert viel Disziplin, und diese Belohnung ist für mich ein guter Anreiz hierfür.

Genauso bedeutungsvoll ist es, die eigenen Neigungen bzw. das eigene Wesen auch in einer bestehenden oder entstehenden Beziehung zu leben und sie nicht „dem Partner zuliebe" zu opfern.

Julia Kathan schreibt in „Alles für ein bisschen Liebe?": Eine Japanerin gab mir einmal eine klare Ermutigung mit auf den Weg, die sich als Bild in mir festgesetzt hat: ‚Wenn du wissen möchtest, *wer dein Mann ist*, steh auf und lauf! Geh deinen Weg, mit allen Konsequenzen und in deinem Tempo. Derjenige, der dir auf diesem Weg begegnet, dich sieht und in deinem

Tempo locker mit dir Schritt halten kann, ist der Richtige' " (Kathan 2010, S. 68).

In dem Buch „Was glückliche Paare richtig machen. Die wichtigsten Rezepte für eine glückliche Partnerschaft" beschäftigt sich Christian Thiel außerdem mit dem Thema Selbstfürsorge, die ein wichtiger Bestandteil einer glücklichen Partnerschaft ist und seiner Meinung nach folgende positive Wirkungen hat:

- „Selbstfürsorge führt dazu, dass unsere Bedürfnisse befriedigt werden, auch wenn der Partner nicht dazu bereit oder in der Lage ist.
- Selbstfürsorge entlastet den Partner, da er nicht mehr für jeden Wunsch zuständig ist.
- Selbstfürsorge dient dazu, die Ansprüche an eine Partnerschaft nicht ins Unendliche steigen zu lassen.
- Selbstfürsorge stabilisiert eine Partnerschaft. Wo sie fehlt, fühlt sich der andere häufig von den stillen oder ausgesprochenen Erwartungen überfordert." (Thiel 2007, S. 78).

All diese grundsätzlichen Tatsachen und Erfahrungen werde ich meinen Klienten, soweit möglich, in passender Form als Hilfe anbieten. Außerdem werde ich sie zusätzlich und zum geeigneten Zeitpunkt auf die Bedeutung von Zielen für ein zufriedenes Leben aufmerksam machen, die auch unabhängig vom Partner (oder mit ihm gemeinsam) angestrebt werden. Ich selbst habe die Erfahrung gemacht, dass es das Lebensgefühl außerordentlich anhebt, wenn ich mir immer wieder realistische und gleichzeitig etwas fordernde Ziele setze, diese verfolge und am besten auch erreiche. Dies gelingt allerdings nur mit der Fähigkeit, die Verfolgung der eigenen Ziele selbstbewusst und angemessen gegenüber dem Partner zu vertreten. Hierzu gehört auch die Bereitschaft, Ziele evtl. abzuändern, wenn sich „unterwegs" herausstellt, dass sich entweder die Bedürfnisse geändert haben oder die Ziele nicht mehr richtig zu uns passen.

Christian Thiel schreibt hierzu: „Ein Ziel zu haben und etwas zu seiner Verwirklichung zu tun, beeinflusst unser Selbstwertgefühl positiv. Ist das Selbstwertgefühl gut, dann läuft in der Regel auch die Beziehung besser. Sinkt es aber, dann sinkt auch die Zufriedenheit mit dem Partner oder der Partnerin. Am unzufriedensten mit ihrer Partnerschaft sind Menschen mit einem niedrigen Selbstwertgefühl." (Thiel 2007, S. 186).

Es gibt also eine Reihe von Möglichkeiten, herauszufinden, welches die Wege sind, die meine Klienten ihrer eigenen Persönlichkeit entsprechend gehen können, um eine potenzielle oder bestehende Partnerschaft erfolgreich zu führen.

Wenn ich bei meiner Arbeit mit den Klienten allerdings bemerke, dass die Ursachen ihrer Beziehungsschwierigkeiten tiefer liegen und mit einer psychologischen Beratung nicht behoben werden können, werde ich eine Psychotherapie empfehlen.

6. Zusammenfassung

Bei der Beschäftigung mit dem Thema „Selbstvertrauen/Selbstliebe in einer Partnerschaft" ist mir klar geworden, dass beim Gelingen einer Partnerschaft auch die Grundhaltungen Empathie, positive Wertschätzung und Echtheit, die auch die Basis einer Beratung oder Therapie sind, neben den aufgeführten Kriterien eine große Rolle spielen.

Allerdings lassen sich auch diese Grundsätze nur dann wirklich leben, wenn eine innere Grundlage von Selbstbewusstsein und Selbstliebe in einem Menschen vorhanden sind oder erarbeitet werden, denn nur ein Partner, der sich auch selbst liebt wird diese Werte mit dem anderen wirklich leben können.

Also heißt es, zum Gelingen einer Partnerschaft sich zunächst der vorhandenen Problematik bewusst zu werden und sie dann, Schritt für Schritt, der jeweiligen Persönlichkeit entsprechend zu bearbeiten, mit dem Ziel:

> „Werde, der du bist"
> (Friedrich Nietzsche)

Literaturverzeichnis

Goldmann, Irene: *Liebe dich selbst, sonst liebt dich keiner. Ein neues Selbstwertgefühl für Frauen.* Petersberg (Verlag Viva Nova) 2009.

Kathan, Julia: *Alles für ein bisschen Liebe? Schluss mit Warten & Schmachten! Liebessucht erkennen und heilen.* Aachen (**Omega**®-Verlag) 2010.

Loesch, Camilla von: *Studienbrief 2, Entwicklungspsychologie I und Studienbrief 4. Entwicklungspsychologie III.* Wuppertal (Impulse e.V. – Schule für freie Gesundheitsberufe, Hrsg.)

Thiel, -Christian: *Was glückliche Paare richtig machen. Die wichtigsten Rezepte für eine erfüllte Partnerschaft.* Frankfurt am Main (Campus Verlag GmbH) 2007.

Zurhorst, Eva-Maria: *Liebe dich selbst und es ist egal, wen du heiratest.* München (Arkana Verlag) 2009.

Zurhorst, Eva-Maria & Wolfram: *Liebe dich selbst und freu dich auf die nächste Krise.* München (Wilhelm Goldmann Verlag) 2007.